Michael Nauen

Biometrische Identifikations- und Sicherungssysteme

GRIN - Verlag für akademische Texte

Der GRIN Verlag mit Sitz in München hat sich seit der Gründung im Jahr 1998 auf die Veröffentlichung akademischer Texte spezialisiert.

Die Verlagswebseite www.grin.com ist für Studenten, Hochschullehrer und andere Akademiker die ideale Plattform, ihre Fachtexte, Studienarbeiten, Abschlussarbeiten oder Dissertationen einem breiten Publikum zu präsentieren.

Michael Nauen

Biometrische Identifikations- und Sicherungssysteme

GRIN Verlag

Bibliografische Information der Deutschen Nationalbibliothek: Die Deutsche Bibliothek
verzeichnet diese Publikation in der Deutschen Nationalbibliografie; detaillierte bibliografische Daten sind im Internet über http://dnb.d-nb.de/ abrufbar.

1. Auflage 2002
Copyright © 2002 GRIN Verlag
http://www.grin.com/
Druck und Bindung: Books on Demand GmbH, Norderstedt Germany
ISBN 978-3-638-64341-2

Biometrische Identifikations- und Sicherungssysteme

1. Prüfungsvorleistung

Vorgelegt von

Michael Nauen
aus Mönchengladbach

Fachhochschule Niederrhein

Fachbereich Wirtschaft

Studiengang Betriebswirtschaftliches externes Studium mit Präsenzphase

Veranstaltung: Betriebsinformatik II

Wintersemester 2002 / 2003

1. Grundlagen

1.1 Begriffsbestimmung

Biometrie

Entgegen den traditionellen Authentifizierungstechniken, die darauf beruhen, dass ein Benutzer über ein bestimmtes, nur ihm bekanntes Wissen und/oder einen persönlichen Berechtigungsschlüssel verfügt, verwendet die Biometrie physiologische oder verhaltenstypische Merkmale zur Authentifikation des Benutzers.

(vgl. Teletrust, Kriterienkatalog, 2002, S. 1)

Identifikation

Bei der Identifikation wird eine unbekannte Person identifiziert. D.h. anhand eines 1:n Vergleichs wird die Identität der Person aus den gesamten dem System bekannten Personen festgestellt.

Verifikation

Bei der Verifikation wird die Identität einer bekannten Person bestätigt. D.h. anhand eines 1:1 Vergleichs mit den, dem System bekannten, Referenzdaten wird festgestellt ob es sich bei der Person um diejenige handelt, für die sie sich ausgibt.

Authentifizierung

Bei der Authentifizierung wird die Echtheit der Person bezeugt. Dies geschieht mittels einer Identifikation oder Verifikation. Eine erfolgreiche Authentifizierung bedarf also einer positiven Identifikation oder Verifikation.

Autorisierung

Autorisierung bedeutet „Ermächtigung" oder „Bevollmächtigung". Ist also durch eine erfolgreiche Authentifizierung die Echtheit der Person bezeugt, so wird die Person autorisiert bestimmte Handlungen durchzuführen oder bestimmte Dienste in Anspruch zu nehmen.

(vgl. Teletrust, Kriterienkatalog, 2002, S. 4f)

1.2 Merkmale

Die in der Biometrie zur Verwendung kommenden Merkmale teilt man in zwei unterschiedliche Kategorien, die passiven bzw. physiologischen und die aktiven bzw. verhaltensbasierenden Merkmale auf.

Physiologische Merkmale sind statische Körpermerkmale, wie z.b. der Fingerabdruck, das Irismuster oder die Handgeometrie.

Verhaltensbasierende Merkmale sind dynamische Merkmale, wie z.b. die Unterschriftsdynamik, die Stimmerkennung oder die Anschlagdynamik auf einer Tastatur.

(vgl. Nolde, 2002, S. 21)

Um für ein biometrisches Verfahren geeignet zu sein sollte ein Merkmal die folgenden Eigenschaften besitzen:

Universalität

Das Merkmal muss bei jeder Person vorhanden sein.

Einzigartigkeit

Das Merkmal muss die Unterscheidung verschiedener Menschen ermöglichen.

Konstanz

Das Merkmal muss in seiner Ausprägung konstant sein. Es sollte sich im Laufe der Zeit möglichst wenig ändern.

Erfassbarkeit

Das Merkmal muss erfassbar sein. D.h. es muss sich quantitativ erheben lassen.

(vgl. Behrens, Roth, 2001, S. 21)

Akzeptanz

Das Merkmal muss von den potentiellen Betreibern und Nutzern akzeptiert werden. Ein Merkmal, das wegen fehlender Akzeptanz in einer Anwendung nicht genutzt wird, ist für ein biometrisches Verfahren ungeeignet.

(vgl. Teletrust, Kriterienkatalog, 2002, S. 8)

1.3 Aufbau von biometrischen Identifikationssystemen

Biometrische Erkennungssysteme erfassen biometrische Merkmale von Personen und verarbeiten diese mit dem Ziel die Identität dieser Personen zu bestätigen oder zurückzuweisen. Dies geschieht mittels vorher erfasster Referenzdaten der zu prüfenden biometrischen Merkmale.

Referenzdaten

Bei der Erfassung der Referenzdaten wird ein digitales Abbild des zu prüfenden Merkmals genommen. Aus diesen Rohdaten wird die zu untersuchende Merkmalseigenschaft extrahiert. Dies kann z. B. bei einem Fingerabdruck die Lage der Kreuzungspunkte, Endpunkte und Verzweigungen, die sog. Minutien sein. Man erhält auf diese Weise einen eindeutig von einem bestimmten biometrischen Merkmal abgeleiteten kleinen Datensatz. Diesen Datensatz nennt man Templat. Ein Templat ist ungefähr mit einem biometrischen Kennwort zu vergleichen. Da es sich bei den Templaten nur um kleine Datensätze handelt, sind sie deutlich leichter zu handhaben als die ursprünglichen Rohdaten.

Da es bei der Erfassung immer wieder zu leichten Abweichungen kommen kann (z.b. unterschiedliche Fingerabdruckbilder je nach Auflagewinkel auf dem Sensor etc.) sollte die Datenerfassung mehrmals durchgeführt werden. Man erhält so mehrere Template, die miteinander kombiniert ein gemitteltes Templat ergeben.

Dieses gemittelte Templat wird als Referenzdatensatz für den Benutzer abgelegt.

Erfassung und Verarbeitung

Bei jedem Authentifizierungsversuch eines Benutzers wird, wie bei der Erfassung der Rohdaten, ein digitales Abbild des zu prüfenden Merkmals genommen und aus diesem ein aktuelles Template erstellt. Dieses aktuelle Template wird mit dem Referenztemplat verglichen um eine Identifikation oder Verifikation des Benutzers zu erreichen. Liegt die Übereinstimmung zwischen aktuellem und Referenztemplat innerhalb der vorgegebenen Toleranzgrenzen, wird der Authentifizierungsversuch erfolgreich abgeschlossen. Das aktuelle Template kann nun wiederum mit dem Referenztemplat kombiniert werden um ein neues gemitteltes Referenztemplat zu erstellen.

(vgl. Grüneich, 2002, S. 4f)

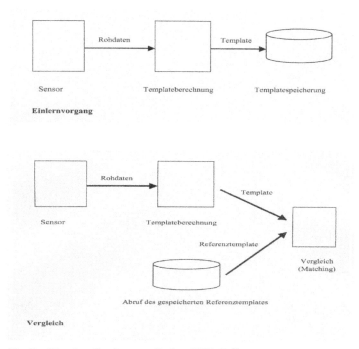

(Quelle: Bäumler, Gundermann, Probst, 2001, S. 8)

2. Anwendungsfelder

Bei der biometrischen Identifikation geht es um die Individualisierung des Nutzers. Von diesem Primärzweck lassen sich zwei Kategorien von Anwendungsfeldern ableiten: Das Finden einer Identität und die Bestätigung einer Identität.

2.1 Identitätsfindung

Die Identitätsfindung kommt in erster Linie in der Forensik zur Anwendung. Eine klassische Anwendung ist z.b. der automatische Fingerabdruckvergleich durch die Polizei. Hier werden die Fingerabdrücke einer Person automatisch mit Fingerabdrücken aus einer Datenbank verglichen um die Identität der Person festzustellen.

2.2 Identitätsbestätigung

Durch die Bestätigung einer Identität wird genau einer bestimmten Person erlaubt, die Möglichkeiten zu nutzen, die ihr persönlich zugeordnet sind. Diese maßgeschneiderte Zuordnung von Möglichkeiten kann zum einen für die Zugangssicherung (Zutritt zu Gebäuden, Benutzung von Geräten, Abrufen von Diensten, etc.) und zum anderen für die Personalisierung (autom. Abrufen von Nutzerpräferenzen, z.b. Sitzposition im Auto etc.) benutzt werden.

(vgl. Behrens, Roth, 2001, S. 21f)

3. Sicherheit der Authentifizierung

Wie bei jedem Identifikationssystem gibt es zahlreiche vorstellbare Möglichkeiten um die Sicherheit des Systems zu unterwandern. Da biometrische Systeme meist innerhalb übergeordneter IT-Systeme zum Einsatz kommen, sind Sie gegenüber Angriffen durch Viren, Trojaner oder Würmer genauso verwundbar wie das sie umgebende IT-System. Voraussetzung für die Sicherheit des biometrischen Systems ist also die Erfüllung der Sicherheitsanforderungen an das IT-System.

(vgl. Weber, A., 2002, S. 161f)

Biometrische Systeme bringen allerdings auch neue Sicherheitsrisiken mit sich. Bei der Authentifizierung mittels biometrischer Merkmale wird wie bei klassischen Systemen (z.B. Passwort oder PIN) zwischen den Referenzdaten und den aktuellen Daten verglichen. Bei klassischen Systemen ist die Prüfung, ob die aktuellen Daten den Referenzdaten entsprechen, erheblich einfacher. Es können nur die richtigen Daten eingegeben werden oder nicht.

(vgl. Daum, 2002, S.183)

3.1 Fehlerraten

Da bei der Erfassung biometrischer Merkmale allerdings zwangsläufig kleine Abweichungen der Datensätze bei ein und derselben Person auftreten, wäre eine hundertprozentige Übereinstimmung zwischen den aktuellen und den Referenzdaten nicht nur sehr unwahrscheinlich, sondern sogar eher verdächtig.

Bereits die Erfassung mehrerer Referenztemplate, wie unter Punkt 2.1 beschrieben, enthält ein Sicherheitsrisiko. Durch ein gemitteltes Templat entstehen Toleranzgrenzen, innerhalb derer auch unbefugte Benutzer den Authentifizierungsprozess mit Erfolg durchlaufen könnten. Der Prozentsatz der unbefugten Benutzer, die trotzdem als autorisiert erkannt werden bezeichnet man als False Acception Rate (FAR). Dieser Prozentsatz steigt je weiter die Toleranzgrenzen des Systems gesteckt sind.

Andererseits leidet die Benutzerfreundlichkeit ohne diese Vorgehensweise extrem, da schon bei kleinsten Abweichungen, die wie bereits beschrieben fast nicht zu vermeiden sind, eine Authentifizierung nicht mehr zustande kommt. Der Prozentsatz der Personen die, obwohl autorisiert, nicht vom System als solche erkannt werden, bezeichnet man als False Rejection Rate(FRR). Die FRR steigt entsprechend je weniger Toleranz in das System eingebaut wird.

Den Punkt, an dem die FRR und die FAR den selben Wert haben, nennt man Equal Error Rate (ERR). Die Zahl der fälschlich zurückgewiesenen und die Zahl der fälschlich zugelassenen Personen ist in diesem Punkt also

gleich. Ob dieser Punkt allerdings gewählt wird um die Toleranzschwellen des Systems einzustellen, hängt von den Sicherheitsbedürfnissen und der gewünschten Benutzerfreundlichkeit des Systems ab. Zwischen diesen beiden Extremen muss ein Ausgleich geschaffen werden. Die Sicherheitsbedürfnisse müssen erfüllt werden und das System muss trotzdem noch bedienbar sein.

(vgl. Busch, Daum, 2002, S. 159)

Grundsätzlich gilt: Ein System, das nicht sicher aber benutzerfreundlich ist, ist unbrauchbar. Ein System, das sicher aber weniger benutzerfreundlich ist, ist zwar unbequem aber zumindest brauchbar.

(vgl. Daum, 2002, S.188)

Die Ermittlung von Fehlerraten ist in der Praxis nur mit großem Aufwand durchzuführen. Um zuverlässige Ergebnisse zu erhalten müssen Feldversuche mit großen Teilnehmerzahlen unter Berücksichtigung der verschiedenen Umwelteinflüsse durchgeführt werden. Dies ist für Unternehmen, die ein biometrisches System einführen wollen, nicht durchführbar. Sie sind daher überwiegend auf die Angaben der Hersteller zu den Fehlerraten ihrer Produkte angewiesen. Die Verlässlichkeit dieser Daten muss aufgrund einer fehlenden öffentlichen Prüfinstanz bezweifelt werden.

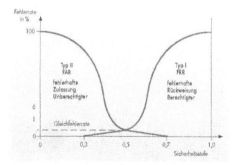

(Quelle: Sietmann, 2002, S. 150)

3.2 Replay Attacken

Da es bei einem biometrischen System um die Authentifizierung eines Benutzers durch ein biometrisches Merkmal geht, ist dieses Merkmal natürlich das Hauptangriffsziel nichtautorisierter Personen. Attacken auf das biometrische Merkmal lassen sich in zwei Kategorien unterteilen.

3.2.1 Physikalische Replay Attacken

Die physikalische Replay Attacke setzt voraus, dass der Angreifer in den physikalischen Besitz des Merkmals kommt. Dies kann z.b. bei einem Stimmerkennungssystem durch den Tonbandmitschnitt eines autorisierten Benutzers erfolgen oder bei einem Fingerabdrucksystem durch Erlangung der Fingerabdrücke und Erstellung eines Silikonfingers. Diese Hilfsmittel werden in der Folge dazu benutzt das System zu überwinden. Eine weitere Möglichkeit in den Besitz eines persönlichen biometrischen Merkmals zu kommen ist natürlich der Besitz des Merkmalsträgers. Dieser kann dazu gezwungen werden nicht autorisierten Benutzern Zutritt zu verschaffen.

(vgl. Grüneich, 2002, S. 5f)

Ein mögliches Angriffsszenario: Bierglas mitgenommen, Fingerabdruck gesichert, Kopie erstellt, System getäuscht

(Quelle: Thalheim, Krissler, Ziegler, 2002, S. 114)

3.2.2 Elektronische Replay Attacken

Bei der elektronischen Replay Attacke versucht der Angreifer ein Templat bei der Datenübertragung abzufangen oder zu kopieren bzw. ein Referenztemplat direkt aus seinem Lagerort zu stehlen. Ist der Angreifer in der Lage dieses gestohlene Templat wieder in das System einzuspielen, kann er sich so Zugang verschaffen. Eine weitere Möglichkeit der elektronischen Replay Attacke ist die Veränderung der Referenztemplate. Ist es dem Angreifer gelungen sich Zugang zu den Referenztemplaten zu verschaffen, kann er sie

nicht nur kopieren, sondern auch verändern. Er könnte seinen Merkmalssatz anstelle des Merkmalssatzes eines autorisierten Benutzers einsetzen. Dies würde allerdings dazu führen, das der autorisierte Benutzer vom System nicht mehr erkannt wird. Diese Vorgehensweise würde also schnell erkannt werden. Der Angreifer kann seinen Merkmalssatz allerdings auch dem Templat hinzufügen. Dies würde zur Folge haben, dass der Angreifer und der autorisierte Benutzer Zugang erhalten. Folglich würde der Angriff durchaus eine Weile unbemerkt bleiben können.

Denkbar wäre auch ein Angriff, der die Veränderung der Toleranzschwellen oder die Veränderung des Erkennungsalgorithmus zum Ziel hat. Durch Einstellen einer höheren Toleranz oder durch Ausschalten (Patchen) des Erkennungsalgorithmus' des Systems könnte sich der Angreifer ebenfalls Zutritt verschaffen.

(vgl. Daum, 2002, S.190f)

3.3   Sicherheitsmaßnahmen

Außer den hier exemplarisch vorgestellten Angriffsszenarien ist davon auszugehen, dass mit genügend Phantasie und krimineller Energie zahlreiche andere Ansätze zur Überwindung der Authentifizierung denkbar wären. Die Möglichkeit, ein Zugangssystem hundertprozentig gegen Angreifer zu schützen, ist de facto nicht gegeben. Ist der Aufwand, den der Angreifer betreibt, größer als der Aufwand, der betrieben wird den Angreifer abzuhalten, wird der Angriff auch gelingen. Der Aufwand der von einem Angreifer betrieben wird steht aber fast immer im Verhältnis zum erwarteten Ertrag. Aufgabe der Sicherheitsmechanismen ist es also dieses Verhältnis für den Angreifer unwirtschaftlich zu machen. Im Folgenden werden dazu einige Möglichkeiten exemplarisch dargestellt.

(vgl. Daum, 2002, S.188f)

3.3.1   Schutz vor physikalischen Replay Attacken

Nachfolgend werden einige technische Möglichkeiten beschrieben, die die Gefahr von physikalischen Replay Attacken senken.

3.3.1.1 Lebenderkennung

Ein wichtiger Sicherheitsaspekt ist die Implementierung einer Lebenderkennung. Mit diesem Verfahren wird geprüft, ob das erfasste Merkmal von einer lebenden Person stammt. Dies geschieht beim Fingerabdruck z.b. durch eine Blutfluss- oder Pulserkennung. Bei Gesichtserkennungssystemen kann nach Bewegungen (Blinzeln, etc.) gesucht werden. Bei der Iris-Erkennung könnte man zur Lebenderkennung den Pupillen-Reflex messen. Die Möglichkeit von Physical Replay Attacken wird also eingeschränkt, da es z.b. nicht mehr reicht ein Foto zu verwenden um eine Prüfung von Gesichtsmerkmalen zu bestehen. Die Möglichkeit, dass autorisierte Benutzer vom System abgewiesen werden, weil sie z.b. „zu kalte Finger haben" erhöht sich allerdings auch.

(vgl. Busch, Daum, 2002, S. 161)

3.3.1.2 Erfassung von zusätzlichen Informationen

Ein weiterer Sicherheitsaspekt ist die Möglichkeit der Speicherung von zusätzlichen Informationen. Dies kann die Erfassung der Abdrücke von mehreren Fingern bei Fingerabdrucksystemen, die Erfassung mehrerer Schlüsselwörter bei Stimmerkennungs- oder Unterschriftsdynamik-Systemen oder Ähnliches sein. Wird dem System also die zusätzliche, anstelle der Primärinformation gegeben, kann damit ein Steuerbefehl verknüpft werden, der das System zu einer bestimmten Aktion veranlasst.

Diesem Verfahren kann z.b. bei Erpressungsversuchen des Merkmalsträgers eine hohe Bedeutung zukommen. Durch die Abgabe der Zusatzinformation würde der Merkmalsträger dem System bekannt geben, dass die Erfassung seines Merkmals unter Zwang durchgeführt wird. Je nach dem System gemachten Vorgaben kann dies z.b. einen stillen Alarm zur Folge haben, der vom Erpresser nicht erkannt werden kann.

(vgl. Teletrust, Kriterienkatalog, 2002, S. 7)

3.3.1.3 Multimodale Merkmalserfassung

Durch die gleichzeitige Erfassung mehrerer Merkmale oder der Verknüp-
fung von biometrischen Merkmalen und klassischen Merkmalen kann die
Möglichkeit von physical replay Attacks ebenfalls eingeschränkt werden. So
kann z.b. die Spracherkennung mit der Erfassung der Lippenbewegungen
kombiniert werden. Ein weiteres Beispiel ist die Kombination von Schrifterkennung und Passwörtern.

(vgl. Klische, 2002, S. 292)

3.3.2 Schutz vor elektronischen Replay Attacken

Um das System vor elektronischen Replay Attacken zu schützen, muss der
Replay Vorgang also das Wiedereinspielen der Daten erkannt werden.
Hierzu gibt es verschiedene Ansätze.

3.3.2.1 Manipulationsüberwachung

Beim Einschleifen von Aufzeichnungsgeräten muss die Leitung unterbro-
chen werden. Erkennt das System diese Unterbrechung, kann es den Angriff
abwehren.

3.3.2.2 Verschlüsselung

Verschlüsselt man die Daten bei der Übertragung, kann der Angreifer seine
Daten nur wiedereinspielen, wenn er ebenfalls im Besitz des Verschlüsse-
lungsalgorithmus ist.

3.3.2.3 Integritätsprüfung

Bei der Integritätsprüfung wird das Signal auf Veränderungen überprüft.
Um diese Veränderungen zu erkennen, kann man das Signal z.B. mit
Timestamps versehen. Entsprechen diese Timestamps nicht den erlaubten
Parametern, ist der Angriff erkannt und kann abgewehrt werden.

(vgl. Daum, 2002, S.190f)

3.3.3 Systemsicherheit

Um das System vor Zugriff auf sensible Daten wie z.b. Referenztemplate, Verschlüsselungsalgorithmen oder Toleranzschwellen zu schützen, benutzt man dieselben Verfahren, die für IT-Systeme im Allgemeinen gelten. Dazu gehört, dass das System vor „Malicious Code", wie Viren, Würmern oder Trojanern geschützt wird. Das System muss regelmäßig gewartet, beobachtet und professionell durch einen erfahrenen Administrator betreut werden.

(vgl. Weber, A., 2002, S. 161f)

4.   Verfahren

Nachfolgend werden einige Verfahren zur Erfassung von biometrischen Merkmalen exemplarisch vorgestellt.

4.1   Fingerprint

Die Erkennung von Personen anhand Ihrer Fingerabdrücke ist wohl das älteste biometrische Verfahren. Archäologische Funde belegen den Einsatz von Fingerabdrücken zur Identifikation bereits bei Chinesen und Assyrern 7000 v. Christus. Für dieses Verfahren liegen also mehr Erfahrungen vor als für alle anderen biometrischen Verfahren.

(vgl. Breitenstein, 2002, S. 35)

Die grundlegende Voraussetzung für den Einsatz von Fingerabdrücken in biometrischen Verfahren ist, dass die Abdrücke verschiedener Personen nicht gleich sind. Lt. Bundeskriminalamt haben keine zwei Individuen ein identisches Muster an Hautleisten. Diese Voraussetzung kann man also als gegeben betrachten.

(vgl. Breitenstein, 2002, S. 39)

Fingerabdrücke unterscheiden sich durch das Tastleistenbild. Dieses ist geprägt durch individuell festgelegte Schlaufen, Wirbel und Wellen. Diese Grundmuster werden durch Hautleisten oder sogenannte Papillarlinien gebildet. Die Grundmuster unterscheiden sich durch den Verlauf der Haut-

leisten, die Breite und Tiefe der Linien, Knotenpunkte, Gabelungen oder Linienenden. Diese Unterscheidungsmerkmale bezeichnet man als Minutien.

(vgl. Behrens, Heumann, 2001, S. 83)

Der Vergleich von Fingerabdrücken erfolgt über die Extraktion und Klassifikation der individuellen Kennzeichen. Die Klassifikation kann auf Basis der Minutien erfolgen oder durch das sog. Global Pattern Matching.

Der Vergleich auf Basis der Minutien, auch mikroskopisches Verfahren genannt, stützt sich auf spezielle Eigenschaften des Fingerabdrucks. Diese speziellen Eigenschaften werden aus dem Fingerbild extrahiert und verglichen.

Das Global-Pattern-Matching kann man auch als makroskopischen Ansatz bezeichnen, da hier das Grundmuster des Fingerabdrucks verglichen wird.

(vgl. Breitenstein, 2002, S. 37f)

Um das Fingerbild aufzuzeichnen, werden Sensoren benutzt. Die dabei am häufigsten zur Anwendung kommenden Verfahren werden nachfolgend kurz erläutert.

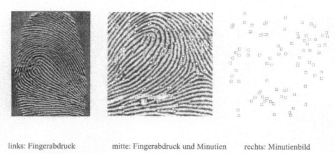

links: Fingerabdruck   mitte: Fingerabdruck und Minutien   rechts: Minutienbild

(Quelle: Bäumler, Gundermann, Probst, 2001, S.)

Optische Sensoren

Die Aufzeichnung des Fingerbilds mithilfe optischer Sensoren ist die am meisten verbreitetste Aufnahmeart. Hierbei wird der Finger auf eine beleuchtete durchsichtige Oberfläche gelegt. Die Aufnahme übernimmt eine in das Gerät integrierte CCD-Kamera. Zur Verbesserung der Aufnahme wird die Auflagefläche häufig mit einer gummiartigen Beschichtung versehen. Diese Beschichtung dient dazu evtl. vorhandene Feuchtigkeit des Fingers abzuleiten.

Optische Sensoren werden mittlerweile auch als Touchless-Version hergestellt. Hierbei wird der Finger in einem bestimmten Abstand über die Aufnahmefläche gehalten. Bei dieser Technik fallen Umwelteinflüsse wie Verschmutzungen oder Feuchtigkeit naturgemäß weniger ins Gewicht als bei der zuvor beschriebenen Methode. Des Weiteren ist die Verbesserung der Hygieneeigenschaften dieser Technik positiv hervorzuheben.

(vgl. Behrens, Heumann, 2001, S. 86f)

Die ständige Weiterentwicklung der techn. Möglichkeiten erlaubt heute auch andere Möglichkeiten der Bildaufnahme. Es ist z.b. heute möglich die Aufnahme über Glasfaserbündel zu realisieren. Über dieses Glasfaserbündel wird der Finger beleuchtet. Die entstehenden Reflexionen werden benutzt, um das benötigte Bild zu erhalten. Eine andere Variante ein Fingerbild zu erzeugen besteht darin Mikroprismen zu einer elastischen Oberfläche zusammenzufassen. Bei Auflage des Fingers wird die Oberfläche der Mikroprismen, durch den verschieden großen Druck von Hautleisten und den dazwischenliegenden Tälern, verändert. Die Reflexion der Mikroprismen ändert sich durch die Veränderung der Oberfläche und macht es möglich ein Bild aufzuzeichnen.

Die auf CCD-Chips basierenden Kameras durch Kameras auszutauschen, die auf CMOS-Chips basieren ist heute ebenfalls techn. möglich. Da die CMOS-Kameras kleiner sind als CCD-Kameras, können dem Benutzer mit dieser Technik noch kleinere Endgeräte zur Verfügung gestellt werden.

(vgl. Breitenstein, 2002, S. 36)

Kapazitive Sensoren

Die Aufnahmefläche bei kapazitiven Sensoren besteht aus einem Chip, auf dem viele kleine Kondensatoren angebracht sind. Diese Kondensatoren werden mit einer Punktladung vorgeladen. Wird der Finger nun aufgelegt, bildet die Haut die Gegenplatten zu diesem Kondensatorfeld. Da die Haut des Fingers Höhen und Tiefen aufweist, ergeben sich verschiedene Abstände zu den einzelnen Kondensatoren. Aus diesen unterschiedlichen Abständen lassen sich unterschiedliche Kapazitäten ableiten. Die unterschiedlichen Höhen der einzelnen Kapazitäten werden in unterschiedliche Graustufen umgewandelt. Aus diesen Graustufen wird das darzustellende Bild gewonnen.

Thermische Sensoren

Bei thermischen Sensoren werden die Temperaturunterschiede zwischen den Hautleisten, die die Auflagefläche berühren, und den Tälern, die die Aufnahmefläche nicht berühren, gemessen. Bei diesem Verfahren nutzt man die Tatsache aus, dass umso mehr Wärme abgeleitet wird je näher der Bereich des Fingers an der Aufnahmefläche liegt. Die direkt aufliegenden Hautleisten leiten also mehr Wärme ab als die dazwischenliegenden Täler. Die Unterschiede in der Temperatur werden gemessen und in ein Graustufenbild umgewandelt.

(vgl. Behrens, Heumann, 2001, S. 89f)

Ultraschallsensoren

Diese Sensoren strahlen ein Ultraschallsignal auf die Aufnahmefläche ab. Diese Ultraschallwelle prallt vom aufgelegten Finger ab. Da die Entfernung zwischen den Hautleisten und dem Schallwandler geringer ist als die Entfernung zwischen den Tälern und dem Schallwandler, ist auch das Echo, das vom Finger zurückgegeben wird, unterschiedlich. Diese Unterschiede werden ausgewertet und aus ihnen wird das Fingerbild errechnet.

(vgl. Breitenstein, 2002, S. 37)

Da nicht nur die unterschiedliche Entfernung verschiedene Echos wiedergibt, sondern auch unterschiedliche Materialien verschiedene Echos wiedergeben, kann mit diesen Sensoren erkannt werden ob tatsächlich ein Finger aufliegt. Die Möglichkeit der Täuschung mittels künstlicher Hilfsmittel ist bei diesen Sensoren also erheblich eingeschränkt.

(vgl. Behrens, Heumann, 2001, S. 90)

Das Ergebnis aller dargestellter Sensorarten ist das aufgezeichnete Fingerbild. Da gerade Finger aufgrund Ihrer erheblichen tägl. Belastung häufig Verschmutzungen, Verletzungen o.Ä. aufweisen, leidet die Qualität des Bildes. Es wird i.d.R. elektronisch nachbearbeitet um diese Störungen auszufiltern und die Gesamtqualität zu erhöhen. Aus dem so gewonnenen verbesserten Bild werden die gewünschten Merkmale extrahiert um sie, wie oben beschrieben, zu vergleichen.

(vgl. Breitenstein, 2002, S. 37)

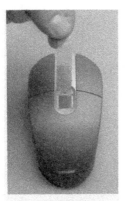

Ein Fingerabdruck auf Klebefolie genügt als Ausweis für die biometrische Zugangskontrolle.

(Quelle: Thalheim, Krissler, Ziegler, 2002, S. 114)

Berührungsloser Fingerprintscanner

(Quelle: Fa. TST Modell BiRD IIi, 2002, S. 17)

Um die Sicherheit der Fingerprint-Systeme zu gewährleisten, ist es zwingend erforderlich eine Lebenderkennung zu implementieren. Ohne Lebenderkennung können viele Sensoren bereits durch einfaches Anhauchen der Auflagefläche oder mithilfe von Fingerabdrücken auf Tesafilm überlistet werden. Verfahren zur Lebenderkennung können z.b. die Messung von Hauttemperatur, Pulsschlag oder Leitfähigkeit der Haut sein.

(vgl. Breitenstein, 2002, S. 39)

4.2 Gesichtserkennung

Aussagen über die Einzigartigkeit von Gesichtern sind erheblich schwieriger zu treffen als bei den bereits beschriebenen Fingerabdrücken. Probleme bereitet dabei die Festlegung ab welcher Ähnlichkeit zwei Gesichter als gleich einzustufen sind. Die Gesichter von eineiigen Zwillingen sind sich z.b. sehr ähnlich. Trotzdem ist es für aufmerksame Menschen möglich die Zwillinge anhand Ihrer Gesichter zu unterscheiden. Ob allerdings auch ein techn. System zu dieser Unterscheidung in der Lage ist, hängt von der Leistungsfähigkeit des einzelnen Systems ab. Da kein derzeitiges System zur Gesichtserkennung an die Möglichkeiten des Menschen auf diesem Gebiet heranreicht, sind vom Menschen unterscheidbare Gesichter nicht immer auch vom techn. System unterscheidbar. Das Merkmal kann also durchaus individuell sein, der derzeitige Stand der Entwicklung lässt aber eine Unterscheidung nicht zu. Die für jedes biometrische System wichtige Unterscheidbarkeit des Merkmals hängt also primär von den Möglichkeiten des Systems und nicht von der tatsächlichen Unterscheidbarkeit des Merkmals ab.

Der Vorgang der Gesichtserkennung lässt sich in zwei Teilschritte aufgliedern. Im ersten Teilschritt muss das Gesicht im vorhandenen Bild erkannt und extrahiert werden, und im zweiten Teilschritt wird es mit den vorhandenen Referenzdaten verglichen.

Bei der Erkennung von Gesichtern im aufgezeichneten Bild kommen verschiedene Techniken zum Einsatz. Bei der Farbanalyse wird die charakteristische Farbe menschlicher Haut als Erkennungsmerkmal verwendet. Die

Bewegungsanalyse macht sich zu Nutze, dass das menschliche Gesicht immer in Bewegung ist. Hier werden kleinste Bewegungen gesucht um das Gesicht im Bild zu erkennen. Eine weitere Technik ist das Template Matching. Hier wird nach gesichtsähnlichen Formen gesucht. Darüber hinaus existieren noch weitere Techniken wie z.b. das Erkennen anhand besonderer geometrischer Formen (Augen, Gesichtssymetrie etc.) oder die Verwendung neuronaler Netze.

Ist das Gesicht innerhalb des Bildes lokalisiert, wird es mit den vorhandenen Referenzdaten verglichen. Es existieren verschiedene Verfahren um diesen Abgleich durchzuführen.

Ein mögliches Verfahren ist der Vergleich der Gesichtsmetrik. Während man bei der Gesichtsfindung anhand geometrischer Formen versucht besondere Eigenschaften der Gesichtsmetrik zu finden, werden diese Eigenschaften nun mit den Eigenschaften der Referenzdaten verglichen. Stimmt die Gesichtsmetrik überein, war der Vergleich erfolgreich. Dieses Verfahren hat den Nachteil, dass die automatische Erkennung, der zur Vermessung geeigneten Kennzeichen, schwierig ist. Zieht man darüber hinaus in Betracht, dass die Anzahl der geeigneten Kennzeichen klein ist, besteht die Möglichkeit, dass keine Merkmale gefunden werden. In diesem Fall wäre eine Authentifizierung natürlich nicht möglich.

Benutzt man für den Vergleich die Methode des Eigenface, bedeutet das, man versucht durch Übereinanderlegen des aufgenommenen Gesichts mit Referenzgesichtern Unterschiede oder Übereinstimmungen zu finden. Werden Bilder einer Person übereinandergelegt sind die Unterschiede sehr klein. Dieses Verfahren ist allerdings anfällig für Veränderungen des Aufnahmewinkels oder der Bildgröße.

Wurde bei der Gesichtsfindung mittels Template Matching nach gesichtsähnlichen Formen gesucht, so werden beim Vergleich mittels Template Matching komplette Bildsegmente miteinander verglichen. Sind die Bilder allerdings nicht in Größe, Helligkeitsverhältnissen oder Blickwinkel gleich

mit den Referenzbildern, kommt es zu Schwierigkeiten bei der Authentifizierung.

(vgl. Breitenstein, 2002, S. 42ff)

Eine interessante Möglichkeit des Vergleichs ist das Elastic Graph Matching. Hier werden markante Punkte des Gesichts markiert und mit ihrer Hilfe wird ein elastisches Gitter auf das Gesicht gelegt. Durch Verschieben der Knotenpunkte kann für den Vergleich auch ein anderer Aufnahmewinkel simuliert werden. Ist die Verschiebung der Knotenpunkte noch innerhalb des eingestellten Toleranzbereichs, ist die Authentifizierung erfolgreich verlaufen.

(vgl. Weber, F., 2001, S. 121)

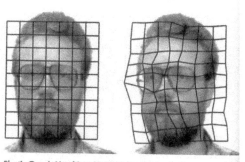

Elastic Graph Matching: Ein Gesicht wird durch einen 'elastischen' Graphen repräsentiert, dessen Gitterstruktur auch beim Kopfdrehen erhalten bleibt.

(Quelle: Busch, Daum, 2002, S. 158)

Wie bei jedem anderen Verfahren ist auch hier eine Lebenderkennung zwingend erforderlich. Eine Möglichkeit diese Kennung zu implementieren besteht z.B. darin kleinste Bewegungen des Gesichts (Augenzwinkern etc.) zu registrieren. Ohne die Lebenderkennung wäre eine Überlistung des Systems bereits mit einfachen Fotos möglich.

(vgl. Breitenstein, 2002, S. 45)

4.3 Iriserkennung

Der als Iris bezeichnete farbige Ring um die Pupille bildet sich schon im Mutterleib. Das komplexe Muster der Iris ist immer unterschiedlich. Sogar das linke und rechte Auge derselben Person weisen jeweils eine andere Struktur der Iris auf.

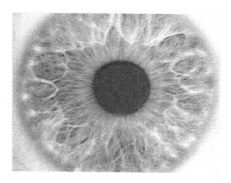

Ein besonderer Vorteil der Iriserkennung ist, dass nur zwei Arten der Irisveränderung bekannt sind. Zum einen verändert sich bei Säuglingen die Farbe der Iris. Diese Veränderung erfolgt aufgrund von Pigmenteinlagerungen. Zum anderen sind Medikamente gegen den Grünen Star bekannt, die ebenfalls die Irisfarbe verändern können.

Da bei der Iriserkennung aber die Struktur, also das Muster der Iris verglichen wird, haben diese Veränderungen keinen Einfluss auf das Verfahren.

Das Verfahren der Iriserkennung beginnt mit der Aufnahme der Iris. Anders als bei der Gesichtserkennung wird bei diesem Verfahren allerdings nicht das Bild mit Referenzbildern verglichen. Vielmehr wird aus dem Irisbild ein Iris-Code erzeugt.

Der Entwickler des, dem Iris-Code zugrundeliegenden Algorithmus, Dr. John Daugman, gibt an, dass die Wahrscheinlichkeit, dass der gleiche Code zweimal entstehen könnte bei 10^{78} liegt. Die Einzigartigkeit des Merkmals bleibt also auch durch die Umwandlung in den Iris-Code erhalten.

Der erzeugte Iris-Code wird im nächsten Schritt mit den Referenzcodes verglichen. Da es bei Drehungen des Kopfes zu Irisrotationen kommt, müssen für eine Person mehrere Referenzcodes, jeweils für verschiedene Irisrotationen, aufgezeichnet werden. Der Referenz-Iris-Code, der dem aktuellen Bild am nächsten kommt wird zur Authentifizierung herangezogen.

Die Lebenderkennung kann bei diesem Verfahren z.b. durch die Messung der Pupillenbewegung erfolgen. In Verbindung mit der hohen Einzigartigkeit des Merkmals lässt sich so eine hohe aber nicht vollkommene Fälschungssicherheit erreichen.

(vgl. Breitenstein, 2002, S. 47ff)

(Quelle: SD Industries GmbH, IrisAccess 2000)

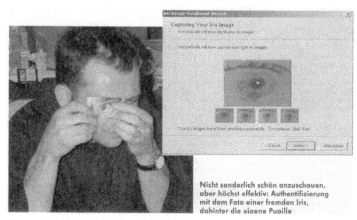

Nicht sonderlich schön anzuschauen, aber höchst effektiv: Authentifizierung mit dem Foto einer fremden Iris, dahinter die eigene Pupille

(Quelle: Thalheim, Krissler, Ziegler, 2002, S. 121)

Neben den vorgestellten Verfahren existieren andere wie z.b. die Spracherkennung oder die Schrifterkennung, auf die wegen ihres geringeren
Verbreitungsgrades hier allerdings nicht näher eingegangen wird.

5. Recht

5.1 Einsatzfelder

Die Einsatzfelder biometrischer Verfahren lassen sich unter rechtlichen Ge-
sichtspunkten in vier Kategorien unterteilen. Abhängig von der Kategorie
kommen unterschiedliche Gesetze und Vorschriften zur Geltung.

Der verpflichtende Einsatz durch die öffentliche Hand
Bei Einsatz biometrischer Verfahren in diesem Feld, kann die Benutzung
des Systems durch den Staat zwingend vorgeschrieben sein. Mögliche An-
wendungen wären z.b. die Speicherung von biometrischen Merkmalen auf
Personalausweisen oder die Identifizierung mittels Biometrie bei Grenz-
kontrollen.

Der Einsatz aufgrund eines Angebotes
Da es sich in diesem Einsatzfeld um Angebote handelt, steht die Nutzung
des Verfahrens natürlich frei. Mögliche Anwendungsszenarien findet man
z.B. im Bereich E-Commerce.

Der innerbetriebliche oder –behördliche Einsatz
Hier handelt es sich vornehmlich um Zugangs- und Zutrittssicherungen. Der
Zutritt zu bestimmten Gebäudebereichen kann mithilfe biometrischer Verfahren gesichert werden. Ein weiterer Anwendungsfall wäre die Überwachung von Computerzugängen mittels biometrischen Identifikationsverfah-
ren.

Der private Einsatz
Beim privaten Einsatz von biometrischen Verfahren muss im rechtlichen
Sinne nur dafür Sorge getragen werden, dass die Rechte unbeteiligter Dritter
nicht verletzt werden. Eine interessante Anwendung in diesem Feld ist die

Personalisierung durch biometrische Verfahren. Es wäre z.b. denkbar die persönlichen Sitzeinstellungen in Autos automatisch zu übernehmen, nachdem der Fahrer sich per Fingerabdruck identifiziert hat.

(vgl. Albrecht, Probst, 2001, S. 29ff)

5.2 Rechtlicher Datenschutz

Bei der rechtlichen Bewertung der einzelnen Kategorien muss die Frage gestellt werden inwieweit das primäre Ziel des Datenschutzes, nämlich das Recht auf informationelle Selbstbestimmung, beeinträchtigt wird.

(vgl. Artikel 2, Grundgesetz)

Das Recht auf informationelle Selbstbestimmung soll es dem Menschen ermöglichen zu erkennen und zu beurteilen, welche Informationen zu seiner Person von wem und zu welchem Zweck gesammelt werden. Dieses Recht beinhaltet natürlich auch die Möglichkeit des Menschen eine Speicherung und Verwendung von pers. Informationen zu untersagen.

Die unbemerkte Erfassung biometrischer Daten ist also nicht gestattet, da die erfasste Person weder in der Lage ist einzuschätzen wer Informationen über sie besitzt, noch wie die Daten benutzt werden. Mit einer solchen Vorgehensweise würde in nicht gerechtfertigtem Maße in das Persönlichkeitsrecht eingegriffen.

(vgl. Albrecht, Probst, 2001, S. 31ff)

Nun stehen dem Persönlichkeitsrecht die berechtigten Interessen des Staates (Verbrechensverfolgung etc.) oder der Privaten Hand (Zugangssicherung etc.) entgegen.

Um einen Ausgleich zwischen diesen entgegengesetzten Interessen zu schaffen, muss der Grundsatz der Verhältnismäßigkeit beachtet werden. Dieser Grundsatz besagt, dass das zu erreichende Ziel nicht mit einem gleich wirksamen, weniger einschränkenden Verfahren erreichbar sein darf,

sowie dass die Einschränkungen in einem angemessenen Verhältnis zum Gewicht und zur Bedeutung des betreffenden Grundrechts stehen müssen.

(vgl. Albrecht, 2002, S. 97)

Das o.g. Persönlichkeitsrecht bedingt eine Zweckgebundenheit der erfassten Daten. Daten dürfen nicht weitergegeben oder für andere Zwecke als die vorher festgelegten verwendet werden. Bei biometrischen Daten ist es aber möglich aus den Rohdaten mehr Informationen, als für den eigentlichen Zweck benötigt werden, auszuwerten. Es ist z.b. möglich durch Videoaufnahmen auf die ethnische Herkunft oder das Geschlecht zu schließen. Die biometrischen Daten müssen also entsprechend sensibel behandelt werden, um einen Missbrauch dieses überschießenden Informationsgehaltes zu verhindern.

Ein weiteres Problem beim Umgang mit biometrischen Daten besteht in der dauerhaften Personengebundenheit. Das erfasste Merkmal erlaubt direkte Rückschlüsse auf die Person. Diese Verbindung von Daten und Person lässt sich nicht, wie bei einem Passwort, einfach ändern, sie sind dauerhaft miteinander verbunden.

Bei zunehmender Verbreitung biometrischer Verfahren erfolgt an vielen Orten eine biometrische Erfassung. Werden diese einzelnen Erfassungen zentral zusammengeführt, so entsteht ein erhebliches Überwachungsrisiko. Wird der Einsatz von Biometrie zur Identifikation, Verifikation oder Personalisierung aufgrund des Verbreitungsgrades zur Routine, wäre eine lückenlose Überwachung der erfassten Personen möglich.

Um die o.g. Rahmenbedingungen zu erfüllen und die gezeigten Risiken zu vermeiden, müssen die vom Verfahren betroffenen Personen in die Entscheidungsfindung einbezogen werden. Dies geschieht beim zwingenden Einsatz durch die öffentliche Hand durch die gewählte Volksvertretung, die über eine entsprechende Gesetzgebung den Einsatz des Verfahrens mitgestaltet. Bei innerbetrieblichem oder –behördlichem Einsatz sind die Arbeitnehmer bzw. deren Vertreter (Betriebsrat) einzubeziehen. Die Art und

Weise der Durchführung wird durch Betriebsvereinbarungen zwischen Arbeitgebern und Arbeitnehmern geregelt.

(vgl. Albrecht, Probst, 2001, S. 31ff)

5.3 Technischer Datenschutz

Technisch können die genannten Risiken vermieden werden, wenn bestimmte Grundsätze bei der Implementierung beachtet werden. Dazu gehören die Grundsätze der Datenvermeidung und der Datensparsamkeit. Es werden nur die Daten gespeichert, die für den Vergleich notwendig sind. Auf die Speicherung von Rohdaten wird verzichtet. Dies würde den überschießenden Informationsgehalt verringern. In welchem Umfang der Einsatz von Protokollierungen notwendig ist, sollte ebenfalls nach diesen Grundsätzen entschieden werden. Der Verzicht auf umfangreiche Protokollierung würde die Möglichkeit der Überwachung von Personen einschränken.

Werden die Daten darüber hinaus dezentral gespeichert, sinkt die Gefahr, dass die Daten für andere Zwecke als die vereinbarten benutzt werden. Weiterhin ist es, bei einer dezentralen Speicherung, einem potentiellen Angreifer nicht mehr möglich mit einem geglückten Angriff den gesamten Datenbestand zu kompromittieren.

(vgl. Teletrust, Kriterienkatalog, 2002, S. 31ff)

5.4 Ausblick in die Zukunft

Biometrische Verfahren haben aber außer den genannten Risiken auch im rechtlichen Sinne erhebliche Vorteile. Aufgrund ihrer Personengebundenheit sind sie als sehr sicher einzustufen. Die teilweise recht hohen FAR und FRR sind durch den technischen Stand der heutigen Verfahren und die fehlenden objektiven Prüfkriterien zu begründen und werden sich durch Weiterentwicklungen auf diesem Gebiet ständig verbessern.

Dies könnte im zivilrechtlichen Bereich zu einer Sicherheitsvermutung führen. Eine Sicherheitsvermutung schränkt das Gericht in seiner freien Beweisführung ein, indem davon ausgegangen wird, dass das System als sicher

einzustufen ist. Der Nutzer wäre also nicht mehr, wie heute üblich, verpflichtet den verantwortungsvollen Umgang mit dem System nachzuweisen. Es läge vielmehr im Bereich des Anbieters, dass Gegenteil zu beweisen.

(vgl. Albrecht, Probst, 2001, S. 38f)

Eine bestehende Sicherheitsvermutung könnte auch viele Anbieter dazu veranlassen, das verbleibende Haftungsrisiko nicht mehr auf den Kunden abzuwälzen, sondern selbst zu tragen. Hier ist allerdings ein entscheidender Faktor, ob durch die Sicherheitsvermutung Versicherungen bereit sind das Haftungsrisiko zu versichern.

(vgl. Albrecht, Probst, 2001, S. 45)

Literaturverzeichnis

Albrecht, Astrid: Biometrie und Recht. In Nolde, V. und Leger, L. (Hrsg.):
Biometrische Verfahren, Köln 2002

Albrecht, Astrid und Probst, Thomas: Bedeutung der politischen und recht-
lichen Rahmenbedingungen für biometrische Identifikationssysteme. In
Behrens, M und Roth, R. (Hrsg.): Biometrische Identifikation,
Braunschweig/Wiesbaden 2001

Bäumler, Helmut und Gundermann, Lukas und Probst, Thomas: Stand der
nationalen und internationalen Diskussion zum Thema Datenschutz bei
biometrischen Systemen, Stand August 2002

Behrens, Michael und Heumann, Björn: Fingerbilderkennung. In Behrens,
M und Roth, R. (Hrsg.): Biometrische Identifikation,
Braunschweig/Wiesbaden 2001

Behrens, Michael und Roth, Richard: Grundlagen und Perspektiven der
biometrischen Identifikation. In Behrens, M und Roth, R. (Hrsg.):
Biometrische Identifikation, Braunschweig/Wiesbaden 2001

Breitenstein, Marco: Überblick über biometrische Verfahren. In Nolde, V.
und Leger, L. (Hrsg.): Biometrische Verfahren, Köln 2002

Busch, Christoph und Daum, Henning: Frei von Zweifel, Biometrische
Erkennung: Grundlagen, Verfahren, Sicherheit. In: c't, ,Heft 5, 2002

Daum, Henning: Technische Untersuchung und Überwindbarkeit
biometrischer Systeme. In Nolde, V. und Leger, L. (Hrsg.): Biometrische
Verfahren, Köln 2002

Grüneich, Armin: Biometrie – Wirklichkeit und Übertreibung. In Deutsche
Bank Research – Economics, Nr. 28, 22.05.2002

Klische, Marcus: Multimodale biometrische Authentisierung – Erhöhte Erkennungsgenauigkeit und Toleranz durch Kombination mehrerer Merkmale. In Nolde, V. und Leger, L. (Hrsg.): Biometrische Verfahren, Köln 2002

Nolde, Veronika: Grundlegende Aspekte biometrischer Verfahren. In Nolde, V. und Leger, L. (Hrsg.): Biometrische Verfahren, Köln 2002

SD Industries GmbH, Produktbeschreibung IrisAccess 2000

Sietmann, Richard: Im Fadenkreuz., Auf dem Weg in eine andere Gesellschaft. In c't, ,Heft 5, 2002

Teletrust Deutschland e.V., Bewertungskriterien zur Vergleichbarkeit biometrischer Verfahren, Kriterienkatalog, Version 2.0, Stand 10.07.2002

Thalheim, Lisa und Krissler, Jan und Ziegler, Peter-Michael: Körperkontrolle, Biometrische Zugangssicherungen auf die Probe gestellt. In: c't, ,Heft 11, 2002

TST Touchless Sensor Technology AG, Produktbeschreibung TST BiRD-IIi, Ver. 1.0 Release 7, Neu-Ulm, 12.09.2002

Weber, Arnd: Biometrische Authentifikation und Endgerätesicherheit. In Nolde, V. und Leger, L. (Hrsg.): Biometrische Verfahren, Köln 2002

Weber, Frank: Gesichtserkennung. In Behrens, M und Roth, R. (Hrsg.): Biometrische Identifikation, Braunschweig/Wiesbaden 2001